Die Texte

Ullrich Karsch

Die Texte

Für Christian

Bibliografische Information der Deutschen Nationalbibliothek:
Die Deutsche Nationalbibliothek verzeichnet diese Publikation in der Deutschen
Nationalbibliografie;
detaillierte bibliografische Daten sind im Internet über
http://dnb.d-nb.de abrufbar.

© 2010 Ullrich Karsch
Umschlagbild: Katrin Koch
Satz, Umschlaggestaltung, Herstellung und Verlag:
Books on Demand GmbH, Norderstedt
ISBN: 978-3-8391-7433-3

Inhalt

An den Spiegel gesteckt

Christian Thielen

Gutes zu tun,
wo Gutes so selten ist.
Moral zu besitzen,
wo die Amoral regiert.

Zu widerstehen,
wo jeder seine Fahne in den Wind hängt.
Stehen zu bleiben,
wo alle wegrennen.

Mutig zu sein,
wo die Feigen nur so tun.
In sich zu gehen,
wo alle außer sich sind.

Trost zu spenden,
wo man selber des Trostes bedarf.
Und zu lachen,
wo es was zu lachen gibt.

Der, der so ist,
den nenne ich einen wirklich edlen Menschen.
Und du wirst leben,
sicher.

An meinen Vater

Was ich so dumm mit jenem andren Halbmeander,
das sich als Signatur von dir
in meiner DNA sich wieder findet,
mit später Treu und auch endlich stolz
mir nun zu eigen machen kann,
ist wie ein Aktendeckel unbequem
mir eingeklemmt in die verschwitzte Achsel.

Die Pappe schmeck´ ich auf der Zunge
schamvoll einen Augenblick.
Es ist zu spät,
dir meinen Dank zu sagen.
Wer hatte es entschieden?
Die Nähe war uns schrecklich,
uns war wie Katzen auf meinem Behandlungstisch
aus glattem Stahl,
die allzu gerne, wenn sie können,
zurück sich
in den Transportbehälter drängen.

Erst im Frost kalter Verachtung meiner Kinder,
letzte Liebe,
bitte mir zu glauben,
ist mir bewusst geworden,
dass unaufhaltsam ich dir folgen muss.
Und nun erwächst mir mehr,
es ist zum Lachen,
je mehr mir schwindet.

Da stehe ich,
rekonstruiert im Spiegel meiner ewigen Versäumnisse.
Verzweifelt und doch so hoffnungsvoll.

An meine Mutter

In jeder meiner Zellen trag ich das Halbmeander deiner
Chromosome,
hat sich längst fortgeschrieben in neue Generationen.
Wie du, gemacht in milder Unbarmherzigkeit,
von Küssen ferner Ahnen, die sich in Liebe fanden.
Wie tapfer sie die Wunden trugen,
die ihnen schlugen Wirklichkeit und Traum.

Vieles verändert sich, aber nicht alles.
Was soll ich tun?

Gib alten Männern ihre Decke!
Beklage ihren Tod, wenn sie gestorben sind!
Tun sollst du, was du tun musst,
aber tue auch, was du tun willst!
Mit einer Hand nimm, doch reiche deine andere!
Treib keinen Handel
mit Überzeugungen und Idealen!

Geliebte Mutter, ich verspreche dir in Würde zu leben,
wie du es mich gelehrt hast.

An meinen Bruder

Dein Bild war immer mir vor Augen,
hab mir gewünscht,
es hätt´ in meine Nächte sich geträumt.

Doch ich begnügte mich damit.
Halbbruder zu sein,
war für uns beide viel zu klein,
verachteten den Terminus,
so wie die Menschen, die ihn benutzten.

Das Konto hat uns Mutter eingerichtet,
bedurfte keiner Bestätigung von irgendwem.
Nicht mal wütend werden
beim großen Saubermachen.

Wird dein finaler Wandel,
in deinem Hologramm vom wahren Sein,
mit einer Unterschrift von mir besiegelt?

An Herbert H.

Der Mensch an sich denkt, es sei wichtig,
nach Gut und Geld zu rennen,
und das richtig.

Das kannst du ganz und gar nicht leiden,
hast schon zu viel geseh′n.
Kulissenschieberei, nicht wichtig,
die Schieber sollen weiterzieh′n.

Ich weiß nicht, will es aber hoffen,
du bist nicht einer, der nur nimmt.
Dein Gang ist aufrecht,
nicht besoffen,
gehst du den Weg, der dir bestimmt.

Komm ich zu Fall,
fehlt auch im Kopf mir die Balance.
Das Gleichgewicht einmal verlor′n,
beherrscht mich Groll und Trance.

Kommt irgendwann dann wieder Mut,
spring ich aufs Karussell geschwind.
Plötzlich ist alles wieder gut,
im Hoffen, dass die Richtung stimmt!

Mein Lehrer Wilhelm B.

Es gibt kein Geburtstrauma,
allenfalls eine Initiation,
wenn die Zeit gekommen ist.
Für dich überraschend,
und wie von selbst,
wirst du zum Schüler gemacht.

Froh und stolz
schaffst du den ersten Schritt
auf dem phantastischen Pfad
mit seiner ungewissen Spanne.
Denkbar auch,
dass das Ziel verborgen bleibt.

Welch großes Glück
dabei deinem Lehrer zu begegnen,
deinen Meister zu finden,
einen wahren Menschen zu treffen.
Später, für dich überraschend,
bemerkst du:
Lehrer konnte nur sein, der Lehrling blieb.

Babsi
(die ich Dodo nenne)

Wie kann es sein,
wie ist es möglich,
nach all den Pleiten, Pech und Pannen,
dass ich schon wieder
meinen Kopf verliere,
mein Herz hingebe?

Ich habe keinen Zweifel,
nichts kann die Reinheit trüben.
Ich habe keine Mittel
deiner Liebe zu widerstehen.

Gladiator
(Für Gretchen)

Dein Schmerz hat wenig nachgelassen, seitdem ich dich geseh'n,
und zugeschnürt die Kehle mir, ganz wund und weh.

Doch Mitleid will ich dir nicht spenden, weil mit Verachtung sie dich
schmäht.
Will lieber wissen, glauben, hoffen, dass sich dein Segel wieder bläht.

Der Wind weht rau, die See ist wild, drückt salzig' Tränen aus den
Augen.
Wer sich müht und mutig bleibt, der wird endlich taugen.

Und wenn sie sauer sind die Trauben, was soll's, dir
bleibt nur das Gestrampel.
Sauer macht lustig, wie man sagt. Humor sah ich schon oft bei dir,
kein einzig' Mal beim dummen Hampel.

Drum quäl dich hoch aus tiefem Tal, dem Gladiator ist
kein Weg zu steil.
Nur wer sich selber liebt und traut, steht in der Sonne
gleißend Licht für eine kleine Weil.

Mehr als das Grün der Welt
(Carsten)

Mehr als das Grün der Welt
bereue ich das Unterlassene.
Es tut mir Leid,
wenn ich nicht überzeugte.
Dem guten Freund
reicht eine Ahnung.

Er scheut zurück
vor deiner müden Existenz.
Sie ist der eigenen zu gleich.
Ist besser, weil bescheiden,
verlässlich, fähig und bereit,
dir deinen Arsch zu retten,
und das wenn nicht,
als blinder Wegbegleiter
an deinem Bett zu stehen
und ist doch selbst verlassen.

Meine Marianne

Was für ein Glück,
dass ich Dir nicht vor Zeiten schon
begegnet bin.
Ich hätte Angst, auf Dauer
vor Dir nicht zu bestehen,
zu leicht befunden zu werden.

So wag´ ich frech einen Vergleich,
obwohl es sich vielleicht nicht schickt.
Du hast was wie
Melina Mercouri.
Die ward verglichen mit der Garbo.
Mir leuchtet das
nicht richtig ein.

Seh´ ich in Deine Augen,
spür´ ich dahinter einen regen,
aufgeräumten Geist,
noch immer voller Leben,
warm und sprühend.

Mit meiner Mutter
tat ich es gerade so.
Sie war auch so schön und klug,
jedoch kein bisschen demokratisch.

Die Dietrich mochte sie darum,
nie recht guttieren.
Vielleicht war es die Hypothek von BDM und KdF,
aus jenen tausend Jahren,
die auch in dir nicht spurlos,
doch auch nicht ohne Antwort blieb.

Wohl und Wehe
(Unverrichteter Dinge)

Einer, der mir wirklich nahe steht,
das ist mein geliebter Harald.
Keineswegs einfach,
beneidenswert – erhaben und toll.
Er ist mit den Jahren eher
differenzierter und auch knorriger geworden,
aber immer noch toll.

Ihr könnt ruhig feixen.
Ja, ich liebe ihn, seit den Jahren,
als wir im Internat in Ottersberg
Klassen- und Zimmergenossen waren,

Vieles ist seither mit uns geschehen,
aber wir teilen und hüten noch immer
diese gemeinsame Spanne im „Heim"
wie einen magischen Gral.

Unsere wundervollsten Jugendjahre
haben wir der
Waldorfschule in Ottersberg zu verdanken,
das steht fest!

Sich in der Schule zu mühen, war weniger unser Ding,
das kam, wenn überhaupt, erst später.
Wir waren frei!
In späterer Zeit mussten und mussten wir,
und wir müssen natürlich immer noch.

Müssen uns immer mal wieder quälen,
wenn's eng wird. -

Wir hätten das, darüber herrscht
bei uns Einigkeit,
viel lieber zusammen durchgestanden.
Als es so weit war und der Lehrerbeschluss uns trennte,
musste das bleischwere Geschäft
allein jeder für sich schaffen.
Wir fragten uns oft, wie es gekommen wäre,
wenn man uns beisammen gelassen hätte?

Wir waren ein starkes Team geworden,
doch plötzlich gab es einsame Momente des Verlassenseins.
Schmerzhaft bewusst wurden uns plötzlich Schwächen,
die wir bis dahin nicht einmal kannten.
Dies um so mehr, als wir weiter um Erkenntnis
und Besserung bemüht bleiben wollten,
was in einer eher entzweiten Welt
schnell Angriffsflächen schafft und leicht verwundbar macht.

Letzten Freitag rief er mich an,
fragte, wie es sei mit der Sechzigjahrfeier in Ottersberg,
und pro forma, ob ich was anderes vor hätte.
In Wirklichkeit stellte er mir wieder einmal ein Ultimatum.
Kennt mich, der Kerl, könnte ihn würgen dafür oder küssen,
weil ich sonst den Arsch wieder nicht hoch gekriegt hätte.

Denn eigentlich war mein Wochenende wieder längst verplant
mit Sachen, die keiner braucht,
aber deren Herrschaft von mir stillschweigend gebilligt wird.
Die Ehefrau bei ihrer Seminararbeit unterstützen
(Kaffee kochen oder sonst wie zuarbeiten).
Verwandte, Freunde. Kontakte, die gepflegt sein wollen.
Notdienst in der Praxis, allzeit bereit und so.

Das lässt sich auch gut verbinden
mit Einkaufen gehen, Gartenarbeit und den Hund beschäftigen.
Hatte ich nicht versprochen, Staub zu saugen, ist schon her.
Man wird gebraucht, wie schmeichelhaft. -
Die Post muss, die mistigen Überweisungen erst recht. Ist eigentlich
ein Klacks,
wird aber Zeit.
Gibt´ s Grüne Heringe oder doch Spargel?
Dann noch unbedingt Fussball-WM,
gaaanz wichtig.
Ist vielleicht zu schaffen.

Und nun dieser Anruf von Harald,
der immer so betont locker und flockig daher kommt.
So positiv, dass es mich schon schmerzt.
Weiß er nicht, dass ich eher im Tal unterwegs bin,
wenn er über die Pässe fliegt?
Doch er weiß!
Eben gerade darum!

Wie komme ich nur raus aus der Nummer?
„Ja, ja, ich komme, weiß aber noch nicht genau wann.
Danke für den Tipp, rufe Dich noch mal an,"
dabei weiß er doch genau, wie ungern ich telefoniere.-

Bester Freund
Du lehrtest mich,
dass man ohne Liebe stirbt
und verraten werden kann.
Die Wärme deiner Worte
macht mich jetzt frieren.

Habe nicht gelernt,
dem Verräter zu vergeben.
Dem Feigling wollt´ ich wohl verzeihen,
ohne Rache das Buch zu schließen.

An dich

Für deine Senkspreizfüße gibt es Einlagen.
Deine kariösen Zähne werden überkront.
Deine Lesebrille wurde dir von deiner Mutter geweissagt.
Wie Recht hatte sie!
(Dennoch gefällt dir die modische Sonnenbrille besser.
Wie Recht du hast.)
Deine angegriffene Darmflora sollst du
mit stündlicher Medikamenteneinnahme kurieren.

Dein Knie schmerzt nicht,
es ist die Hüfte oder anderes.
Zähne putzt du auch erst,
seit sie überkront wurden.
Lesen hast du immer gehasst,
und deine Fürze haben zumindest für dich
einen gewissen Unterhaltungswert.

Aber mich scheren nicht meine kleinen Gebrechen.
Mich meuchelt die Ahnungslosigkeit,
weil sie mich hindert,
Einsichten praktisch zu leben.
Liebe, Freundschaft, Toleranz, Verständnis,
bedingungsloses Vertrauen.
Zu geben, bevor ich nehme.
Wie übers Knie brechend
ist mein Leben.

Wo Liebe (nicht) zählt

Du kannst machen

Kannst du machen, dass der Tag nie endet?
Kannst du machen, dass mein Lachen nie vergeht?
Kannst du machen, dass dein Blick mich blendet?
Kannst du machen, dass der Wind nicht weht?

Kannst den Tag schnell in mein Herz versenken.
Kannst mein Lachen mit deiner Seele sich verbünden lassen.
Kannst blicken und blenden, dich herzuschenken.
Kannst mir Wind und Wüste fassen.

Es kommt drauf an

Es kommen Leute, die wollen wissen, ob sie ihre Katze impfen lassen
sollen.
Ich sage:"Es kommt darauf an"
und impfe.
Wahrscheinlich lieben sie ihr Tier,
so gut sie eben können.

Jemand macht eine Telefonumfrage zu den Wahlen,
will wissen, ob's mir passt.
„Es kommt drauf an" hab ich gesagt.
Doch ich hab' grad keine Lust auf Selbstdarstellung.

Dann endlich rufst du an.
Du kommst noch heut, dass ich mich freu?
Es kommt drauf an.

Der Kühlschrank ist leicht zu beschicken,
mit Dingen, die wir mittags brauchen.
Genascht hast du die lange Nacht.
Und doch war mir es nicht genug.
Wann bist du hier?

Zwischen Bastille und Place de la Concorde

Da gibt es eine Szene,
die liefert mir Genesung wie ein Schwur.
In einem Metrotunnel
sang jemand Aznavour.

Der gab sich hin, und hat auch uns
sich ganz gegeben,
in einem trunkenen Walzerlied.
Mir war mein Herz so liebeswund,
und hatte dich so lieb.

Die nächste Bahn kam viel zu schnell.
Sie flüchtig zu ergattern,
kam uns nicht in den Sinn.
Ein jeder schmolz bei diesem Klang,
und ich weinte wie ein Kind.

Wach auf

Wach auf, steh auf!
Ein neuer Tag bricht an.
Er kann nicht schöner sein,
trägt er auch in sich
den Keim der eigenen Zersetzung.

Der Gag liegt in der Taktik,
wie mein Verstand sich
täglich dem Gemetzel,
zu entgehen sucht.

Endlich,
entspannt schlüpfst du in deinen Bademantel,
die weiße Frotteeweste,
Morgenfriedenstifter,
bedeutungslos im Spiegel
schwebt dein erstes Lächeln.

Schon ist der Zaunkönig,
vom schwülen Bett aus
fälschlich des Gesanges wegen,
als Lerche von dir angesprochen,
im dichten Laub verschwunden.

Tipp, topp wirst du
die Regeln respektieren,
kannst sie dir auch zu eigen machen
und danach duschen gehen.

Wir wollen einen Ausflug machen,
auf den ich mich so sehr gefreut
und Händchen haltend,
Blicke kreuzend,
die wüsten Sphären urbar machen.

Von bis

Von dem Tage an,
als ich dich kennen lernte, bis zu dem Tag,
an dem meine Zeit abgelaufen ist,
bist du die Eine und Einzige.

Wer ich bin, weiß längst jeder.
Ich halte nichts geheim,
bin genau das,
was auch meine Mutter auszeichnete
und wofür sie einstand,
geehrt und geachtet.

Mehr Softi als Kämpfer,
provoziere ich Aufmerksamkeit und Zustimmung.
Klar, ehrlich, kompliziert - unkompliziert.

Welch ein Glück,
unter unzähligen Millionen die zu treffen,
die mir gestattet,
ihre andere Hälfte zu bewohnen.

Verlorener Zauber

Darf ich dich fragen?
Was ist mit mir nicht in Ordnung?
Warum kann ich nicht ruhig schlafen?

Ich mochte dich nie verletzen,
wollte nicht, dass du weinst.

Was habe ich gemacht, was ist uns zugestoßen?
Unsere Liebe ist wie entseelt.

Kann unser großartiger Zauber
so jäh vergehen?

Verfallen

Am Ufer dieser Sommernacht
hast du mit ein paar Blicken,
des tiefen Flusses stille Macht,
unsagbar warm in mir
zu einer Herzenskraft geronnen.

Noch spülst mit leiser Milde du
mir unterdessen die Gelenke,
die ich mir Tag für Tag,
was war der Grund,
bei jeder Tat verrenke.

Stille

Ich hör in tiefsten Nächten
wie weit verstreute Hunde
in ihren Höfen
Vokalkrypten auf den Schultern
windstiller Dunkelheiten
ins Nichts entlassen.

Auf wortlosen Steigen
neben ihr
wird jeder Rhythmus meiner Traurigkeit
vom Klacken unserer Absätze verschluckt.
Stille ist Warten,
warten, dass sie endet.

Sag nichts

Sag nichts, wir legen ab die Tunika der Plagen,
die nicht zu bannen waren.
Sag nichts und lass ein Schicksal uns erwarten,
war nie so schön dein stiller Garten.

Sag nichts, dann wird sich klar erweisen,
dass keine Antwort je unsrer Fragerei bedarf.
Sag hier mir nur das eine,
damit ich schweigen darf.

Niemandsweg

Es war so schön im Niemandsweg.
Der lag im Irgendwo und führte uns ins Nirgendwo.
In der Allee aus alter Zeit,
da machtest du die Beine breit.
Flink pflanzte ich mein Bäumchen
in dein nackt rasiertes Pfläumchen.

Nabucco

Du singst uns den Chor, es ist der der Gefangenen,
hören, so einsam, dein Klagelied im offenen Stallfenster.
Die dunklen Träume, quälenden Bilder in der Schlaflosigkeit der
klaren Mondnacht.
Nach den grausamen Worten ist die Folter gespenstisch stumm
geworden.

In der nackten Zelle kauert reglos das geknebelte Mädchen.
Eisiges Entsetzen stürzt den Gelähmten ins verstörte Erwachen.
Der volle Wein trauriger Liebe ist dir zu Essig geronnen.
Vergiftet auch meine Wege, die nicht die deinen sein sollten,
um eine Gerechtigkeit zu finden, die Liebe mit sehenden Augen ist.

Und ich, der ich meinte, die Zukunft sei alles, das Bisher sei nichts,
will jetzt schon wieder der Erste sein, so begierig meiner Beute.
Erfinde mir eine Liebe, die nicht nur alle Strafe,
sondern auch alle Schuld trägt!

Muss dran glauben

Am Huntestrand hast du's mir gleich gesteckt.
Die Nacht wird nicht die Nacht der Nächte,
wie Männer sie erhoffen.
Ich habe das auch gleich gecheckt
und heimlich mich besoffen.

Allein, alleine, ohne dich,
das war klar, muss ich vergeh'n.
Wie alle, die ich je geliebt,
die in mein Herz sich schraubten,
auch nicht der kleinste Zweifel blieb.
Jetzt muss ich wohl dran glauben.

Mond

Siehst du den Mond?
Das bin ich. Ein Wunder!
Dennoch, er braucht dein Licht,
ist ohne es nicht leuchtend schön,
reflexlos, unerkannt.

Meine Decke

Als die belebte Luft zum Sturm erwuchs,
der seine Signaturen heulend auf rote Dächer strich.
Da lag ich wach in meinem Bett,
wie schon die Nacht dem Morgen wich.

Die Decke über meinem Beine
war von Acryl und auch nicht warm.
Die aus Wolle war die deine,
besitze nun mal nur die eine.

Was sind schon Gänsehaut und kalte Betten?
Will diese Verse dir verehren.
Wenn ich nachher hinüber schleich, ich wette,
wirst du dich nicht wehren.

Kündigung

Du hast ein enorm großes Herz,
ein seltenes Exemplar,
das mir Wärme gibt.

Es hat mir sehr gefallen.
hat mich verrückt gemacht,
mich tyrannisiert.

Hab gedacht, ich springe nur mal ein.
Aber nun willst du
meine Kündigung nicht akzeptieren.

Karneval

Das Lager neben mir bleibt heute Nacht allein.
Trägt deinen schönen Körper nicht im Mondenschein,
dort wo der Brennpunkt meiner Sinne,
vertraut in tiefen Augen, sich zu fokussieren sucht.

Was sagen mir die süßen Blicke,
die auf der leeren Bühne
sich in mein Herz versenken wollen?

Wollt'st du mich sehn,
du könnt'st mich finden
mit meiner Decke viel zu kurz,
zu wärmen meine kalten Füße,
zu schützen mir die roten Ohren.

Ich bleib ihr treu

Ich liebe die Sylvesternacht, hab´ roten Wein getrunken
und wieder"Dinner For One" geseh´n.
Nun will ich alles Fremde lassen, um nur an mich zu denken.
Da will ich sein und haben, was ich hoffe, worauf ich harrte, immer schon.
Und bin nicht weiter als vor einem Jahr.

Ihr blieb ich treu, mein ganzes Leben, auch schon im Sommer.
Wir gaben uns Nächte, wie man nicht oft sie machen kann.
Ich war erhaben für ein paar Stunden, bekam den Mut und die Ent-
schlossenheit,
weiter meine Bahn zu geh´n.

Help

Ob ich es noch zusammen kriege?
Vergib mir, wenn's mir nicht gelingt.
In meiner Hitliste der Erinnerungen,
steht die Sylvesternacht ganz oben,
in der wir übers Pflaster schwebten,
um diesen Beatles-Film zu sehen.

Das Witthüs, Barlach, Jenisch Park,
gehören dir nicht mehr allein.
Ich liebe Hamburg wegen dir,
möchte dein Fremdenführer sein.

Der Dammtor Bahnhof,
Speakers Corner.
Noch heute kann ich schwärmen.
Von Alster, Grünspan, Große Freiheit,
Salambo, Starclub, Teufelsbrück.

So wie ich an Hamburg denke, so denke ich an dich,
auch umgekehrt ergibt es Sinn.
Und mit der Zeit hab ich kapiert,
wie nahe ich dir darum bin.

Hase und Igel

Wir trafen uns zum ersten Mal,
verbanden unsere Einsamkeit.
Sie hörte meinen blöden Spruch
und sprach:
„Ich bin noch nicht so weit".

„Ich bin schon da."
Ich fühle, denke, glaube.
„Ich liebe dich."

Es ist mein Ernst, doch es wirkt frech.
Wer hat nun Recht?

Du fehlst mir

Wie es kam
und ob es so sein musste?
Wer will das schon sagen?

Allein:
Jede Begegnung mit einer großartigen Umarmung zu bejubeln,
ist nun mal nicht meine Sache.
Ich küsse gerne bei einem passenden,
speziellen Anlass.
Der warst du für mich.

Schade, dass du nicht an mir festhalten konntest.
Mir war danach, gemeinsam alt zu werden mit dir.
Doch du mochtest lieber das Opfer spielen.
Somit blieb mir die Schuld.
Das der Schluss.

Die Reise

So klein und doch so groß.
Kalt bin ich, du so heiß.
Wie war ich verloren in der Welt,
im Unterstand fehlte mir der Horizont,
Verlockung in der Wildnis.

Armselig, schlimm und doch,
die Träne flutet und gefriert.
Ein Zapfen glänzt wie Bergkristall,
so klar und rein wie meine Überzeugung,
dass es doch die eine Wahrheit gibt,
die lange nicht mehr wahrgenommen wurde
und dennoch niemals sterben kann.

Was zählt schon das Gewicht der Sache,
wenn die Bedeutung nicht verstanden wird?
Du klapperst mit den Zähnen?
Was sind schon 2 Grad minus!

Und dennoch fühl ich mich verloren,
wenn du mir nicht den Mantel deiner Liebe leihst.
Er gibt mir Wärme und die Kraft,
dem Leben mich zu stellen,
so gut ich kann.
Auf meiner langen Reise.

Deshalb

Komm und hör´ mir zu!
Ich werde bei dir sein,
und wir werden glauben,
alles sei so, wie wir es immer ersehnten
und schauen eine Weite voller Glück und Schönheit.

Da traf dein universelles Gefühl
auf meine individuelle Ignoranz.
Wo ich ohne Stimme singe, nach Tönen jage,
den einen Sound suche,
schaukelst du einfach weiter.
Und deshalb:

Mit deiner Telefonnummer auf meine Haut geschrieben,
wasche ich mir nicht die Hände.
Nie wieder.

Liebe in der Sonne, Liebe auf dem Boot.
Und Tanz, Tanz.
Das ist Samba, ist Bossa Nova,
kann nicht tragisch enden.

Der Ton

Eine falsche Note scheitert niemals,
ist nie vergeblich.
Sie findet immer wieder zu dir,
kommt zurück, deine Landschaft zu formen.

Dieses Mosaik bleibt,
solange das Licht darauf scheint.
Du kennst seinen Klang,
kennst den Ton,
kennst sein Gefolge.

Der Krieg ist vorbei

„Kommen Sie doch hoch", sagte sie.
Gewohnheit war in einem kleinen Augenblick.
Später fiel die Besorgnis
wie eine Orangenschale auf den Teppich.
Es war eine Blutorange. Welch´ schöne Frucht.
Sonne der Nacht.

Wenn wir verwirrt und gequält
uns fühlen wie eine ausgequetschte Tube.
Lass uns nie sagen: „Du bist Schuld".
Ich will gestehen!
Wer hält mich warm, wenn du gegangen bist?
Bilde mir ein, du seist noch da, um mich herum.
Was würdest du tun?

Oh, Mann. Zum Glück hab ich gute Reflexe.
Bin froh, wenn ich dich damit zum Lachen bringe.
Ich weiß, was ich habe.
Es ist nichts.
Vielleicht eine Verbeugung.

Dank und Dauern

Ich begann erst wirklich etwas zu empfinden,
als ich merkte, was mir immer gefehlt hatte.
Oh wie kläglich, dumm, beschränkt und traurig von mir,
dass ich geglaubt, schön sei nur
das Hässliche, der Dreck,
wo es doch in Wirklichkeit eine Wünschelrute ist,
die mir die Hirnwindungen kritzelt,
und weiß, dass man nur so etwas fühlen kann.
Und weiß, dass ich mich nicht dagegen wehren kann.
Und ich mich so täuschen lasse, dass ich mir einrede,
ich könnte nur begreifen, was ich mit Händen fassen kann.

Ha, ha, wie muss sie lachen über mich,
dessen Gefühl so verkümmert ist, dass er versucht,
den Strom der Klänge zu zerpflücken
und das Brausen der Wellen auseinander zu nehmen.
Aber du wirst mich nicht mehr täuschen.
Denn der Hauch, den ich gehört im Atem einer schönen Frau,
war so echt und wahr wie Sex und Mutterschaft,
und so tief wie die tiefsten Tiefen des Todes,
und so stark wie der leiseste Lufthauch,
und so ewig wie Schicksal und Vaterschaft.

Coming Home Party

Der Angstpatient ist überrascht.
Er meinte lange, es sei so schön, einst wieder heimzukommen.
Ich spreche mein Gebet für mich.
Vorher der Abschied erwacht an jedem anderen Morgen
und ist nicht abgetan.
Glaub mir, ich liebe dich für immer,
und ohne dich zu sein, bricht mir das Herz beinah.

Dein Duft liegt sehnsuchtsvoll vertraut und doch so fremd in deinem
Zimmer,
möchte die bekannte Atmosphäre konservieren,
für alle Zeit im Innersten bewahren,
wenn ich dich schon nicht leiblich haben darf.

Fühl´ mich doch näher dir, mein Schatz, als zu ertragen ich gemacht,
auch darum dieser Abschied heut.
Ich komme heim in leere Zimmer, Räume voller schöner Bilder,
die nie vergeh´ n.
Es ist, wie es ist, nicht wie es soll.
Ist das nicht Rock ´n Roll?

Ausflug

Wach auf und zieh dich an,
wir wollen einen Ausflug machen!
Kein Tag könnt' schöner sein als dieser,
den der Moder des Verstrichnen entband
für die lebendige Stetigkeit
der eigenen Zersetzung.

Das ist der Witz, die Tragik,
die dem Verstand sich gern versagt.
Du sollst nicht spüren
wie ich versuchen werde,
dem Blutbad der Instinkte zu entkommen,
hinunter auf dem Weg zum Fluss.

Könnte doch sein,
dass wir die Sphären kreuzen,
wo Wüsten urbar werden
mit einem Kuss von dir.
Und abends heimgekommen halte,
die ich gesucht im ganzen Trubel.

Ablenkung

Der weinberankten Mauer, kehr ich den Rücken nicht,
um die Gerechtigkeit zu finden.
Dass die Liebe sehenden Auges ist,
nicht nur alle Strafen,
sondern auch alle Schuld trägt.

Ich bin stolz auf meinen Feind,
den ich nicht verachten kann.
Ihn zu hassen, habe ich erfolglos mich bemüht.
Nicht einmal die kleine Rache üben,
kann ich je erlernen.

Kleine Einsichten

School Of Rock

Was läuft?
Was geht hier ab?
Wenn wir auch nicht gewinnen,
gib mir fünf!

Dir war doch lange klar,
dass ein geiles Solo,
ohne Schweiß
nicht zu haben ist.

Ist das nicht cool?
Komm her!
Ich geb' dir fünf!

Duell
(Showdown in der Sesamstraße)

Zeit zum Wählen.
Wenden werden möglich,
richtungslos,
total, medial, trivial.
Geladen ist zum Duell.
Ich weiß nicht wer.
Du nicht!

Und das Verhör von ausgezehrten,
klapprigen Titanen,
es passt so recht
in die Kulisse des Theaters,
dem es an
repräsentativen Fragen
mangelt.

Aussteigen

Deswegen werde ich irgendwann aussteigen!

Wer soll denn nur die Hunde zurückpfeifen,
wenn sie erst einmal von der Leine gelassen sind?

Jetzt sind die allein erziehenden
Hundepsychologinnen am Werk,
die schon nicht ihre frechen Gören
großziehen konnten.

Keiner soll je ihre Sachkompetenz bezweifeln
oder Fachverstand.
Neue Botschaft, alter Irrtum.

Es wird schon schief gehen.
Und wenn es soweit ist,
gewinnen immer noch die Entschlossensten.
Stelle dir ihre Ziele vor,
wenn von der Waffe Gebrauch gemacht wird!

Dann werde ich längst ausgestiegen sein.

Abtritt

Man bringt dich endlich hierher,
die große Klappe von dir,
die oft verletzte, jedoch wenig klagte,
hört jetzt keiner mehr.

Einer auf dem Weg hinter dir
hat vielleicht einen Grund.
Es knirscht der Kies.
Schwarz ist die Farbe,
die Blumen und Kränze geschmacklos und bunt.

Du hast doch immer den Zehnten gegeben,
gebuckelt, gerackert, gehofft und gestrebt.
Hast verzichtet, hast vergeben.
Nun wirst du schnell begraben,
und auf den ganzen Haufen
oben drauf kommt Grabschmuck.

Beerdigung

Unsere Mumien,
digitalisiert, gepixelt,
die Unsterblichkeit der Seelen
zu konservieren.

Uns vom Dilemma
der körperlichen Flüchtigkeit
abzulenken,
dass Leben vorübergehender
Natur ist,
flüchtig,
nicht fortbestehen wird.

„Wir haben es geschafft,
sind noch mal davon gekommen",
denkt unsereiner.
Er legt die traurigen Blumen ab
und geht.

Ordnung

Gleiches ist nicht egal,
Berlin nicht Reichshauptstadt,
Moslems nicht mörderisch,
ein Neger nicht Nigger.

Nicht jeder Ausbeuter ist reich,
nicht jeder Star eine Schönheit,
nicht jeder Betrüger ein Volksvertreter,
nicht jede Tracht eine Niedertracht.

Nicht jede Botschaft ist es wert,
verkündet zu werden.

So klein mit Hut
(Eitelkeit)

Also, ich fühle mich geschmeichelt,
wenn eine Frau mich
mit Tom Hanks oder
Mickey Rourke vergleicht.

Obwohl ich es besser weiß.
Hat sie denn nie
Mickey oder Tom geseh´n?

Ich weiß es besser,
aber protestiere natürlich
nicht.

Kein Applaus

Der stammelnde Gaukler wünschte,
er brächte seine Sätze zu Ende.
Nicht um des Applauses Willen.

Wünschte dies vielmehr nur, weil er glaubte,
es sei nun an der Zeit,
und sie seien es wert,
dass sie gehört würden.

Muss was sagen

Ich muss euch was sagen!
Ungut zu sein, hat keinen Zweck.
Wenn Du am Rande Deines Grabes stehst,
bleibt nur das Gute
oder Du bist weg,
ohne dass Gott Dir in den Arsch trat.

Weibes Stimme

Und plötzlich wirst du milde,
nur weil dir eines Weibes Stimme
von Anbeginn den Geist geraubt,
und allen Sinn der Unterhaltung
zur Puppenkiste werden lässt.

Der Besucher

Und wieder alles von vorne.
Nach seiner Behandlung
ist es endlich an ihm zu wählen:
Underberg oder Lindenberg.
Geht doch!

Seitenband

Auf dem Platz
Scheitern lernen mit Fortsetzung.
Scheitern lernen.
Bestimmung, Hass, Liebe, Verlust,
bis zum notorischen Ego gespannt.

Historiker

Bei der Choreografie von Geschichte
verdampft ihnen die Wahrheit
und wird zu einer flüchtigen Essenz
ewiger, aber nie besessener Einsichten.

Tragik

Die Tragik der Klugheit.
Die Tragik der Dummheit.

Die Erste wird gequält von Zweifeln.
Die Zweite geht unter.

So simpel

Es ist so simpel.
Es ist die Liebe, nur sie allein.
Fehlerlos, nicht zu korrigieren.

Abschied

Du warst die Antwort
auf all meine Fragen.
Ich habe keine Fragen mehr.

Und dann?

Das Gestern war.
Das Heute ist.
Das Weitere steht noch dahin.

Die Sterblichkeit

Der Fluch der Sterblichkeit ist,
dass sie alles verliert,
was sie je besaß.

Sicher

Sicher ist nur der Tod,
das Leben ist es nicht.

Männlich

Irren ist männlich.

Große Einsichten

Der Anschlag

Die Spezialisten sind müde.
Sie fragen sich, ob alles in der Ordnung war,
denn Sorgfalt und Genauigkeit, wird konstatiert,
berechtigen zum Bankeinzug,
der Heldentod hat seinen Preis.

Des Lebens überreiche Pracht
wird Beitrag für die Redezeit
im Füllhorn der Reportagen und Rezepte,
die unser Mitleid optimistisch färben sollen.

Bestellten sie die Unterstellung?
Sie könnte einmal nützlich sein.
Die jüngste Tauschaktion hat wieder digital belegt:
Geschichte, konsequent entkleidet zu Legenden,
verstellt die Schau auf unbequeme Visionen.

Der Tag der offnen Tür
führt dich ins Herz eines Gebäudes,
das mit jeder einzelnen Etage,
dir dein Versagen grausam präsentiert.

Was dir als Wohnstatt dienen sollte,
ist dem verlorenen Sohn so fremd.
Die Einzigartigkeit und Größe,
sie ist geplatzt und ohne Sinn.

Die Konstruktion war lange schon ein Risiko.
Bald geht es los, die Planungen sind abgeschlossen.
Ob restauriert, ob abgerissen,
ein Highlight muss es wieder sein.

Der kleine Unterschied

Keine Hände auf dem Rücken gefesselt, seit 45.
Kein Sack über dem Kopf, seit 45.
Auch keine andere Folter, seit 45.
Danach keine offiziellen Angaben mehr.
Ein Museum des Leidens.

Recht auf Liebe

Nie wird die Träne justiziabel sein,
so wie von vorn herein die Klage,
die sich ein Recht auf Liebe schaffen will,
einen verlorenen Posten inne hat.

Wenn du als Letzter einen Blick riskiertest,
aufs goldene Zeitalter der Ketzerei,
ist dir dabei bewusst geworden:
Das einzig große Heil
ist korrodiert schon zur Unkenntlichkeit.

Nur bunte Abziehbilder zeugen kitschig-prunkvoll noch
vom Sein des eben Ausgelöschten,
und beinah wohlgefällig ist schon deine letzte Hoffnung
in ihrem altersschwachen Schein bestattet.

Halali

Wenn Treue keine Rolle spielt,
Vertrauen in Vergessenheit gerät.
Wo international
Charakterlosigkeit im Geldstrom
absoluter Wahrheit fischt,
ist den Gedankenwelten
jedweder Sinn geraubt,
herrscht enge Ordnung
über Tag und Traum.

Von allen guten Geistern weit entfernt
hat kurz zuvor, nach hartem Ritt
und außerdem im guten Glauben
an Liebe, Ehre, Schmerz und Leid,
die monochrome Jagdgesellschaft,
schon launig zum Halali finaler Hoffnung,
auf ihrem eigenen Friedhof echoreich,
sich selbst willkommen
eingefunden.

Fluch

Vor vierzig Jahren gingen wir auf die Straße,
bekriegten verzweifelt, wild und hilflos
mit unserem Mut den Krieg in Vietnam,
Pershing, Notstandsbildung und väterliche Nazischanden.

Heute holt nicht Vorratsspeicherung,
nicht deutsche Landesverteidiger in Afghanistan,
gar nichts lockt irgendeinen hinter seinem Ofen vor.

Richtig! Rasterfahndung, das war gestern.
Wer will da noch was wagen,
wenn alle Karten lange aufgedeckt?

Nutze lieber deine Zeit. Lass dir vielleicht
in ein, zwei Wochen neue Titten machen.
Für eine Leber, Niere kommst du auf die Warteliste.
Das passt gar nicht zu deiner kellertiefen Zuversicht.

Der Krankenstand schwillt unterdessen hemmungslos,
und du kannst kaum noch verkennen,
der Fluch unserer Sterblichkeit besagt,
alles einzubüßen, was dir nie zueigen war.

Wunder

Das letzte Wunder war für mich
der Mauerfall.

Wenn sie auch bis zum Schluss nicht war,
was sie sollte:
Beschlossen war die Sache
von oberster Instanz, vom ersten Stein,
von der ersten Stacheldrahtrolle an
unmenschlich und unrecht.

Und nun das

Und nun das.
Nicht mir, doch dir.
Kein Grund, dich stolz zu fühlen.
Weil: Es lag auf der Hand.
Kempowski, Grass und gleicher mehr
haben gewarnt.

„Wenn es noch Seelen gibt im Universum,
sollt ihr sie suchen!"
Doch nicht auf dem verrotteten Planeten,
der von euch lieblos zugerichtet.

Idole spenden unvertraut und daher unbezwingbar,
dem unbedingten Gast bequeme und kompakte Sprache.
Der Auftritt unausweichlich streng gleicht
wenig lehrreichen Auktionen, lächerlich.

Finde dein Maß!
Werde robust mit Gewissen, Ehre und Tradition!
Dann geht's dir gut.
Das reicht und ist uns Lehre.

Wer war G. Harrison?
(All Things Must Pass)

Rund um die Piazza St. Marco
stehen dieselben Gebäude,
wie sie Dürer schon sah.

Prachtvolle Kirchen und Paläste,
ihrer einstigen Bestimmung beraubt,
stehen sie in eigentümlicher,
fahl anmutender Kulisse,
noch weiter für eine ungewisse Weile.

Nur noch so lange, bis Tintoretto, Rubens, Tizian
mit Canaletto sich ergeben,
geschlagen und endlich ganz
vergessen werden.

Traumflügel

Ich bau mir einen Schatten aus Glas,
mit kalkulierter Fantasie,
den Harlekin zu narren
und das Pathos verschwenderischer Gesten
zynisch verstummen zu lassen.

Geändert hat sich damit nichts.
Nicht die Entscheidung,
nicht das Vergehen,
nicht der Reflex,
mit dem die Körper
sich zu schützen suchen.

Weder auszuschließen,
noch von Bedeutung ist dabei,
dass ich die Augen
nicht geöffnet hielt,
als mich der Flügel
eines Traums bewegte.

Sperrstunde

Der Mensch bewohnt sein schattig′ Haus,
wird allgemein nicht oft von Panik in Beschlag genommen.
Er nimmt den Drink am Abend und sagt:"Schluss für heut′".
So lagert alles in seinem kleinen Rahmen.

Für uns gibt's aber keine Sperrstunde.
Wir wollen nicht nach Ruhe suchen.
Es ist so billig, nur dabei zu sitzen
und dem Banalen Raum zu geben.

Schmiede der Lüfte
(Bad in rührenden Bildern)

Verwirrung wird nicht zugelassen
und ist doch Plan.
Mach' dir nichts vor!
Es gelten Regeln und Gesetze,
die schwache Leiber
jäh verdampfen
und sich haushoch,
als kondensierter Funke,
in keines kalten Auge
feuchtem Niederschlag erfinden dürfen.

Schon abgelaufen ist der Passport meiner Unschuld.
Verwaschen und konturlos
die Stempel mit den Jahren,
die pur sich selbst bestätigen.
Der Zukunft aufgeregter Atem
ist dir schon geschmiedet
aus Luft,
die du noch inhalieren wirst.

Wo sonst

Zwischen allen Stühlen,
sollte ich mich wieder finden?
Das Gute, wie das Böse,
wird uns im Kopf geboren.

Wollt ihr das Pathos mir verzeihen,
ich mag nicht grölen,
wo Tagebücher, Fotoalben
es hören könnten.
Wann endlich ist es stille?

Gleichgewicht

Der Wind spricht durch des Baumes Laub.
Der Vater durch den eig'nen Sohn.
Doch weder eitel bist du, auch nicht taub.
Ein fast verlorner Adel spricht aus dir,
wie uns zum Lohn.

Die Sonderstellung, die du nie für dich gedacht.
Die Fehler, die nicht zu vermeiden war'n,
die hast du gemacht.
Nur diesen einen nicht: Ich gebe auf! Ich will nicht mehr!
Das haben Freund und Feind dir längst verzieh'n
und auch geachtet, wo möglich mit Respekt.
Doch wovon zeugen jene Narben her?

Das Licht spricht durch den Schatten,
beim Abmarsch schon hat jeder sich dem Ziele zugewendet.
Verlässt dich Erfurcht, Geist und Mut zu Taten,
dein armes Leben spurlos endet.

Kann sein, sie lassen von dir ab.
Vielleicht sie nehmen dir den Freund.
Vielleicht hast du es ja verdient.
Das Gleichgewicht
spricht durch die Schwankung.

Teflon

Immer wieder diese meine Untugend:
Im Glauben
mit fixen Ideen die Schlüssel
flüchtig aufgabeln zu vermögen.
Die Mühen der vielen kleinen Schritte sich zu sparen,
statt geduldig und redlich
sich zu plagen.

Es reizt zu sehr,
Anstände und Konventionen
außer Acht zu lassen.
Der Speise mit deinem Rezept
Vollkommenheit zu schenken.
Ein Hochgefühl, wenn es gelingt,
niedergedrückt traurig, wenn nicht.

Aber bloß nicht in der Mikrowelle oder Teflonpfanne
Confineons aufwärmen.

Ist nicht der Feudalismus
in den Küchen des Bürgertums
beerdigt worden?
Teures Brot weckte weibliche Begehrlichkeiten,
Freiheitsfantasien.

Doch Männerhände rissen sie an sich,
verdarben sie wieder einmal,
bis sie wurden, was sie sind:
Stumpfe und kalte
Abziehbilder der Idee.

Ich weiß

Ich weiß, du verstehst mit deinem klugen Herzen.
Und doch, es bleibt ein Rest, wie in fast jeder ordentlichen Gleichung.
Der Feind, den es zu schlagen gilt,
ist schon auf Rufweite heran.
Hüte dich vor dem Echo!

Das ist so stark, wie der Ruf, den du deinen Lungen abverlangtest.
Im Kampf bist du erst dann
in aller Unerbittlichkeit verloren,
wenn nach dem Straucheln dich aufzustellen, dir nicht mehr möglich
scheint.
Denn das gelingt nur jenem,
der seinen eignen Widerstand bezwingt.

Rein gefühlsmäßig

Irgendwann dachte ich, es sei wichtig zu loben,
wenn etwas nicht recht gelang.

Ich glaubte, das Gelungene bedarf des Lobes nicht.
Die Belobigung gebühre dem Elenden, dachte ich.
Kein Orden, eher Angebot für mehr Abenteuer
und gelegentliche kleine Schummeleien.

Ich hab gedacht, im Leben werden Wünsche wahr,
an Strafe keine Zeit verlieren.
Helden hungern, sterben schneller,
hab ich gedacht und
wende meinen Blick zurück,
was leichter geht.

Leider bin ich nie zufrieden.
In meinen Sinnen und Organen
kann lustvoll jeder kleine Zweifel sprechen
und in tausend Echos widerhallen,
bis ich mein eigner Witwer werde.

Die Entscheidung

Was immer du lebst,
ist Schatz und Bürde
deines Lebens,
und sie wiegen schwerer
mit jedem Tag.

Geburtstag

Möchtest du dir etwas wünschen?
Entschließe dich,
ich habe das Geschick, es zu erfüllen,
du kannst es gerne glauben!

Geschenkt wurden dir
dein Name und dein Leben,
zu teilen jeden Atemzug
mit deinem Selbst von Anbeginn.

Wo sich Gelegenheiten boten,
hast du versucht, sie zu ergreifen.
Nicht nur mit deinen Händen,
die doch nichts fassen können.

Was wird wohl sein
wenn wir vergangen sind,
uns und allem andren fern?

Wenn ich dir raten darf,
küre die Liebe dir zum Wunsche!

Mir

Viel bewundert,
mich zu schwingen,
zu erheben,
jung empor.
Kam eitel und erhaben,
das große Ziel
mir gut gelegen vor.

Doch ohne jeden Glauben,
evakuierte ich mich
meiner Konditionen.
Die Opfer scheuend hatte ich,
wenn es drum ging,
fast immer mich verschätzt
und überhoben.

So ist es konsequent,
wenn ohne abzuheben,
mit jedem weit'ren Tag,
die Landung härter mir erscheint.